MW01293381

ISRAELI FOOD IN AMERICA כמו בארץ

Easy Mediterranean Style Recipes

By Galit Urich, Michal Levi and Jennie Starr

© 2011 Tarbuton, Israeli Cultural Center

First published in the USA in 2011 by Createspace

All rights reserved. No part of this book may be reproduced or utilized, in any form or by any means, electronic or mechanical, without prior permission in writing from the Tarbuton.

ISBN-13: 978-1467900232

ISBN-10: 1467900230

Library of Congress Cataloging-in-Publication Data Available

Written by Galit Urich, Michal Levi and Jennie Starr
Hebrew Translation by Sarah Fedida-Gershon and additional assistance by Miriam Gingold
Photography by Galit Urich
Cover designs and Tarbuton, Israeli Cultural Center Logo design by Geri Rosen
Additional Design Consultation by Deborah Fedida

Dedication

We dedicate this book to our children; the next generation. We encourage them to stay connected to Israel, to enjoy and cook the Israeli food that feeds our souls, our memories, our connections and our love and passion for Israel.

Acknowledgements

We would like to thank our Tarbuton Board members and our Lay Leadership who organize and plan Tarbuton social and Israeli Cultural programs that enrich adults, children, and our families' lives.

We could not have completed this book without the support of our husbands and families and their endless tastings and consultations.

All proceeds from the sales of this book will support the Tarbuton, Israeli Cultural Center, 501(c)(3) California non-profit Corporation.

Forward

Israeli cuisine is incredibly delicious, unique and full of diverse flavors since Israel itself is the home of people from all over the world. Vegetables, fruits, legumes and fish; very healthy ingredients are incorporated into almost all Israeli dishes.

In Israel, a flavorful, rich in color, salad is incorporated into every meal; an incredibly healthy habit to adopt. Take advantage of the Israeli tradition of eating a variety of salads, whose recipes are included in this book (Israeli salad, cabbage salad with lemon & oil dressing, beet salad etc.) and include them in any meal to increase your vegetable intake.

Although it is nice to enjoy authentic, rich and delicious Israeli meals like grandma used to make, it is important to know that most traditional recipes can be modified to reduce fat and caloric intake. Use less oil in a recipe, or try baking or grilling instead of frying. Experiment with reduced or nonfat mayonnaise or yogurt.

Most importantly, enjoy making the following dishes with or for friends and family and sharing them.

בתאבון!

Shoshi Barkai, MS, RD

TABLE OF CONTENTS

APPETIZERS & SIDES — 6-7

Bourekas Cheese/Potatoes/Beef	8-9
Fried Cauliflower	10
Green Beans in Tomato Sauce	11
Falafel	12-13
Rice with Raisins	14-15
Mashed Potatoes	16
Chicken Soup	17
Chopped Liver	18
Fried Eggplant	19

SALADS & DIPS — 20-21

Hummus	22
Israeli Salad	23
Potato Salad	24
Mushroom Sauce	25
Cabbage Salads	26-27
Beet Salad	28
Cucumber Salad	29
Schug	30
Baba Ganoush	31
Tachini	32

ENTREES — 34-35

Fish on the Grill	36
Ground Meat Kebab	37
Mushroom Quiche	38-39
Chicken in the Oven	40
Shnitzel	41
Shakshuka	42-43
Chicken/Vegetable Patties	44-45

BAKED GOODS & DESSERTS — 46-47

Pita Bread	48
Chocolate Balls	49
Chocolate Yeast Cake	50-51
Poppy Seed Roll	52-53
Baked Cheese Cake	54-55
Cheese Cake – No Bake	56-57
rugelach	58-59
Sweet Cheese Pastries	60-61
Apple Strudel	62-63

תוכן העניינים

מנות ראשונות ותוספות 6-7

בורקסים גבינה/תפו"א/בשר 8-9
כרובית מטוגנת 10
שעועית ירוקה 11
פלאפל 12-13
אורז עם צימוקים 14-15
מחית תפו"א 16
מרק עוף 17
כבד קצוץ 18
חצילים מטוגנים 19

מטבלים וסלטים 20-21

חומוס 22
סלט ירקות ישראלי 23
סלט מיונז 24
רוטב פיטריות 25
סלטי כרוב 26-27
סלט סלק 28
סלט מלפפונים חמוץ מתוק 29
סחוג 30
סלט חצילים 31
טחינה 32

מנות עיקריות 34-35

דג בגריל 36
קבבים 37
פשטידת פיטריות 38-39
עוף בתנור 40
שניצל 41
שקשוקה 42-43
קציצות עוף/ירק 44-45

מאפים וקינוחים 46-47

פיתות 48
כדורי שוקולד 49
עוגת שמרים שוקולד מסורתית 50-51
רולדת פרג 52-53
עוגת גבינה אפויה 54-55
עוגת גבינה פירורים – ללא אפיה 56-57
רוגלך 58-59
גביניות 60-61
שטרודל תפוחים 62-63

5 |

Appetizers & Sides # מנות ראשונות ותוספות

Bourekas

Servings: 9-12

Use pre-made "Puff Pastry" dough from the frozen section in the market. Boureka shapes are typically; triangles for cheese, rectangles for potato and rolls for beef. Bourekas are best when they are golden brown and flakey. You can keep unbaked Bourekas in the freezer and bake frozen when ready to serve.

Dough:

1 package of puff pastry dough

Glaze: 1 egg, beaten and sprinkle sesame seeds on top

Cheese Filling:

8 oz cream cheese
8 oz of crumbled feta cheese

Mix the cheeses together with a fork

Potato Filling:

2 peeled and diced potatoes (approx 2 cups)
¼ diced onion sautéed in vegetable oil
¼ teaspoon salt
a dash of black pepper

Boil the potatoes in salted water until tender. Drain, mash and mix with the sautéed onion and the remaining oil from the pan. Add salt and pepper to taste.

Beef Filling:

½ diced yellow onion
1 big clove of garlic
1 ½ tablespoon vegetable oil
1 tablespoon pine nuts
1 pound ground beef (20% fat)
½ teaspoon salt
dash of pepper to taste
2 sprigs of Italian parsley chopped

Sauté the first 4 ingredients, and transfer to a mixing bowl. Sauté the beef and rest of ingredients until liquids evaporate. Mix meat mixture with onion/garlic mixture.

For potato and cheese bourekas, roll out pastry dough on a floured surface and cut into 3½ inch x 3½ inch squares. Place small amount of filling in the center of the square and fold corner to corner to create the desired shape pinching edges to seal.

For the meat filling, roll dough to a rectangle shape. (approximately 11 inch X 5 inch) Put the filling 1 inch from the edge, fold the two sides in and then roll.

Brush with egg glaze and sprinkle sesame seeds on top. Bake at 400°F pre-heated oven for ½ hour until golden brown.

בורקס

מנות: 9-12

הצעות לשיפור: ניתן להיעזר בבצק עלים קנוי ממחלקת הקפואים במרכול; צורת הבורקס הינה טיפוסית למילוי: משולש עבור מילוי גבינה, מלבן למילוי תפו"א וגליל למילוי של בשר בקר. הבורקס נהדר כאשר הוא חום-זהוב ופריך.

לבצק:

חבילה של בצק עלים
גרגרי שומשום לפיזור

זיגוג: 1 ביצה טרופה

מילוי גבינה:

8 אונקיות (250 גרם) גבינת שמנת
8 אונקיות (250 גרם) גבינת פטה מפוררת

מילוי תפו"א:

תפו"א קלופים וחתוכים לקוביות (כ-2 כוסות)
1/3 בצל קצוץ מטוגן
1/4 כפית מלח
קורט פלפל שחור גרוס
לערבב היטב את הגבינות במזלג

להרתיח את תפוחי האדמה במי מלח עד לריכוך. לסנן מנוזלים ולמעוך למחית במועך תפוחי אדמה. להוסיף את הבצל המטוגן עם השמן שבמחבת. לתבל במלח ופלפל לפי הטעם.

מילוי בשר בקר:

1/2 בצל קצוץ
1 שן שום גדולה
1 1/2 כפות שמן צמחי
1 כף צנוברים

לחמם את השמן ולהקפיץ קלות את כל המרכיבים הנ"ל.

במחבת נפרדת, להקפיץ את הרכיבים הבאים:

1 פאונד בשר בקר טחון (20% שומן)
1/2 כפית מלח
קורט פלפל לפי הטעם
2 גבעולי פטרוזיליה קצוצים

לבשל עד שכל הנוזלים מתאדים. לאחד עם תערובת הבצל והשום.

למלית גבינה ותפו"א, יש לרדד את בצק העלים על משטח מקומח ולחתוך ריבועים של 4*4 אינץ. למלית בשר, לרדד את הבצק למלבן, להניח את מלית הבשר כאינץ אחד מהשוליים, לקפל את הצדדים ולגלגל לרולדה. לחתוך חריצים בעומק חצי אינץ בכדי שהאדים יפלטו.

כעת מניחים כפית מן המילוי במרכז ומקפלים את הפינות בהתאם לצורה הרצויה.

את הבורקסים המוכנים מניחים על נייר אפייה בתבנית, מצפים בביצה טרופה ומפזרים שומשום לקישוט. יש לאפות בתנור שחומם מראש ל 400F° למשך כחצי שעה או עד להשחמה.

Fried Cauliflower

Servings: 4

This can be served as a side dish. The florets do not need to be deep fried. For best results, add just enough oil to cover the bottom of the pan.

1 cauliflower head, washed and cut into florets
½ teaspoon salt
2 eggs
dash of black pepper
vegetable oil for frying

Steam the cauliflower's florets in salted water until soft but not falling apart, for about 7 minutes. In a bowl, beat the eggs and add a pinch of salt and pepper to taste. Dip the florets in the egg mixture, drain extra egg drippings, and fry in a preheated pan, turning until all sides are golden. Transfer into a dish lined with paper towel to remove excess fat. Serve warm or at room temperature. Garnish with some chopped Italian parsley.

כרובית מטוגנת

מנות: 4

ניתן להגיש את הכרובית המטוגנת כסלט או כתוספת למנה עיקרית. אין הכרח לטגן את הכרובית בשמן עמוק, העיקר הוא להוסיף מספיק שמן בכדי לכסות את כל תחתית המחבת.

1 כרובית שלמה, רחוצה וחתוכה לפרחים
½ כפית מלח
2 ביצים
פלפל שחור
שמן צמחי לטיגון

מאדים את פרחי הכרובית במים רותחים ומומלחים, עד שהכרובית מתרככת אך לא מתפרקת, כ-7 דקות. בקערה טורפים את הביצים, מוסיפים קורט מלח ופלפל בהתאם לטעם. במחבת מחממים את השמן לטיגון. מסננים את הכרובית וטובלים כל פרח בבלילת הביצים. מנערים עודפים של בלילה לפני שמכניסים למחבת לטיגון. מטגנים מכל הצדדים עד להזהבה. מעבירים לצלחת עם נייר סופג. מגישים חם או בטמפרטורת החדר. ניתן לפזר מעט פטרוזיליה קצוצה לקישוט.

Green Beans

Servings: 6-8

For best results use fresh unbruised green beans or thinner fresh French green beans. When ready to serve, there should be very little liquids.

2 ½ pound fresh green beans (wash, trim in both edges, and cut in half)
4 tablespoon canola oil
1 small onion, finely chopped
1 tablespoon tomato paste
½ teaspoon salt
1 teaspoon sugar
1 tablespoon chicken flavor soup mix (Osem)
dash of black pepper to taste
1 ¼ cups of water

Sauté diced onion in oil for 2-3 minutes, until translucent. Add tomato paste and sauté while mixing for 3 minutes. Add the green beans and sauté for 3 additional minutes. Add the water, chicken soup powder, sugar, salt and pepper. Bring to boil. Reduce heat, cover, and simmer until beans are soft for about 30 minutes, mixing occasionally. Adjust salt and sugar to taste. Remove cover and cook until all liquids are reduced.

שעועית ירוקה

מנות: 6-8

לתוצאות טובות יותר הכינו את המתכון עם שעועית טרייה ורעננה. שעועית ירוקה צרפתית הנה דקה יותר ומתאימה גם כן למתכון. אנחנו מעדיפים לצמצם את כל הנוזלים מהמנה לפני ההגשה.

2 1/2 פאונד שעועית ירוקה טרייה
4 כפות שמן קנולה
1 בצל קטן קצוץ דק
1 כף רסק עגבניות
1/2 כפית מלח
1 כפית סוכר
1 כף אבקת מרק עוף (אסם)
קורט פלפל שחור
1 1/4 כוסות מים

שוטפים את השעועית, קוצצים את הזנבות וחותכים כל שעועית לשניים. בסיר מקפיצים את הבצל בשמן זית 3-2 דקות, עד שהבצל נעשה שקוף. מוסיפים את רסק העגבניות וממשיכים לערבב 3 דקות נוספות. מוסיפים את השעועית וממשיכים להקפיץ עוד 3 דקות. מוסיפים את המים, אבקת המרק, מלח ופלפל. מביאים לרתיחה, מנמיכים את האש, מכסים ומבשלים תוך כדי ערבוב מדי פעם, עד שהשעועית מתרככת, כ-30 דקות. מוסיפים סוכר, טועמים ומתקנים את התיבול בהתאם לטעם. מסירים את המכסה וממשיכים לבשל עד שכל הנוזלים התאדו.

Falafel

Servings: 25 balls

Grind all ingredients in a meat grinder or a food processor. Gently fry to a golden brown. Chickpeas should be soaked in water overnight, changing the water a few times. For light and airy texture (not dense) add baking soda before frying.

1 cup dry chickpeas soaked in water overnight
2 slices of white bread
2 cloves of garlic, minced
½ cup chopped cilantro
½ cup chopped Italian parsley
¼ of small onion
¾ teaspoon salt
1 teaspoon cumin
1 teaspoon coriander
¼ teaspoon baking soda
1 tablespoon sesame seeds (optional)
oil for deep fry

Drain soaked chickpeas well. Pat dry the Italian parsley, cilantro, garlic and onion. (peeled, washed, and quartered) Soak bread in water and squeeze to remove liquids. If using a meat grinder, grind above ingredients into a large mixing bowl.

If using a food processor, chop drained chickpeas and soaked bread and transfer to a mixing bowl.

Chop garlic, then add onion and pulse a few times, add Italian parsley and cilantro and process well. Add vegetables to chickpeas mixture. Add spices (all but baking soda), mix well, and adjust spices to taste. Add sesame seeds if desired. Let mixture rest for at least 30 minutes. Preheat oil. Mix the baking soda into mixture. Form small balls of 1 inch diameter. Test oil by dropping a 1/8 tsp of mixture into oil. When the drop rises to the top and oil bubbles gently around it, the oil is ready for frying. Make sure to maintain a medium temperature for slow frying that will ensure cooking the inside of the falafel without burning the outside. Flip once. Make the falafel in batches to maintain the oil temperature. Place fried falafel on a paper towel to drain extra oil. Serve warm.

פלאפל

מנות: 25

מומלץ לטחון את כל המרכיבים במטחנת בשר, אולם אם אין לכם כזו, אפשר גם להשתמש במעבד מזון. חשוב שלא לטגן את כדורי הפלאפל יתר על המידה. כדור פלאפל חום-זהוב עלול להיות יבש מדי, לכן אנחנו אוהבים את הפלאפל שלנו זהובים יותר; אין צורך לבשל את החומוס, רק להשרות אותו מראש למשך לילה. החליפו את המים מדי פעם במהלך תהליך ההשריה; על מנת לקבל כדורי פלאפל אווריריים הוסיפו אבקת סודה לשתייה לתערובת רגע לפני הטיגון.

1 כוס גרגירי חומוס יבש לאחר השרייה במשך לילה
2 פרוסות לחם לבן
2 שיני שום קצוצות
1/2 כוס כוסברה קצוצה
1/2 כוס פטרוזיליה קצוצה
1/4 בצל קצוץ
3/4 כפית מלח
1 כפית כמון
1 כפית גרגירי כוסברה
1 כף שומשום (לא חובה)
1/4 כפית אבקת סודה לשתייה
שמן לטיגון

מסננים היטב את החומוס. באמצעות מגבות נייר טופחים בעדינות ומייבשים את הפטרוזיליה, הכוסברה, השום והבצל (קלוף, שטוף וחתוך לרבעים). משרים את הלחם במים וסוחטים היטב את כל הנוזלים. אם משתמשים במטחנת בשר טוחנים את כל המרכיבים הנ"ל לתוך קערת ערבוב גדולה. אם משתמשים במעבד מזון, קוצצים את גרגירי החומוס המסוננים יחד עם הלחם ומעבירים לקערת ערבוב. במעבד המזון קוצצים את הבצל והשום קלות, מוסיפים את הפטרוזיליה והכוסברה וקוצצים היטב. מוסיפים לקערת הערבוב עם החומוס הטחון ומערבבים. מוסיפים את כל התבלינים (מלבד אבקת סודה לשתייה), מערבבים ומתקנים את התיבול לפי הטעם. מוסיפים שומשום אם רוצים. נותנים לתערובת לנוח למשך 30 דקות לפחות. לאחר מכן, מחממים שמן, מוסיפים אבקת סודה לשתייה ומערבבים. יוצרים כדורים קטנים בקוטר של כאינץ' אחד. בודקים את טמפרטורת השמן באמצעות טיפה מן התערובת. כשהטיפה מתרוממת והשמן מבעבע בעדינות מסביב, השמן מוכן לטיגון. חשוב לשמור על חום בינוני לטיגון איטי שיבטיח בישול מלא של הכדורים מבלי לשרוף אותם מבחוץ. את הכדורים המוכנים מוציאים לקערה עם נייר סופג, מגישים חם.

Rice With Raisins

Servings: 4

Use Basmati rice for this recipe. A mesh colander is a good tool for rinsing the rice. As the rice cooks, reduce the heat just as it starts boiling to avoid spillage.

1 cup Basmati rice
1¾ cups water
2 tablespoons canola oil
½ teaspoon Salt

Topping:

½ small onion chopped
½ cup raisins
2 tablespoons shaved almonds (optional)
1 tablespoon vegetable oil
salt and pepper

Rinse the rice well to remove excess starch. In a medium pot, heat the oil and add the rice and salt. Saute the rice for 2 minutes, stirring frequently until the rice turns white and shiny. Add the water, stir once, and bring to boil. Reduce the heat to low, cover the pot and simmer for about 20-30 minutes until all the water is absorbed. Keep covered for 10 additional minutes and then fluff the rice with a fork.

Topping preparation:

Heat the oil over medium high heat and toss the onion until it turns slightly gold. Add the raisins and almonds and stir frequently until they are heated through. Be careful not to burn the raisins and almonds. Add salt and pepper to taste. When ready to serve, transfer the rice into a serving dish and pour the raisin mixture on top.

אורז עם צימוקים

מנות: 4

מומלץ להשתמש באורז בסמטי למתכון זה. מסננת צפופה יעילה מאוד לשטיפת האורז. במהלך בישול האורז, רצוי להנמיך את האש ברגע שהאורז מתחיל לרתוח, אחרת הנוזלים עלולים לגלוש. אפשר להכין את התוספת מראש ולחמם לפני ההגשה.

1 כוס אורז בסמטי
1 3/4 כוסות מים
2 כפות שמן קנולה
1/2 כפית מלח

לתוספת:

1/2 בצל קטן קצוץ
1/2 כוס צימוקים
2 כפות שקדים פרוסים (לא חובה)
1 כף שמן
מלח, פלפל שחור

שוטפים את האורז ומסירים עודף עמילן. בסיר בינוני, מחממים את השמן ומוסיפים את האורז והמלח. מטגנים את האורז במשך כשתי דקות, תוך ערבוב, עד שהאורז הופך ללבן ומבריק. מוסיפים את המים ומערבבים. מרתיחים, מנמיכים את האש, מכסים את הסיר ומאדים למשך 20-30 דקות עד שכל הנוזלים נספגים. משאירים את הסיר מכוסה למשך 10 דקות נוספות. מפרידים את גרגרי האורז בעזרת מזלג.

להכנת התוספת:

מחממים את השמן במחבת על אש בינונית. מקפיצים את הבצל קלות עד להזהבה, מוסיפים את הצימוקים והשקדים הקצוצים וקולים תוך כדי ערבוב. חשוב להיזהר שלא לשרוף את הצימוקים והשקדים! מוסיפים מלח ופלפל לפי הטעם.
לסיום, מעבירים את האורז לקערת הגשה ומפזרים את תוספת הצימוקים מעל.

Mashed Potatoes

Servings: 8

For a quicker version, peel the potatoes ahead of time, dice and boil. Use chicken consommé per recipe, or boil pre-cut potatoes in chicken stock. Don't forget to adjust salt depending on the saltiness of the chicken stock.

4 pounds white potatoes
1 yellow onion, chopped
¼ cup vegetable oil
1 tablespoon salt
1 tablespoon chicken flavor consommé instant soup and seasoning mix (Osem)

Wash the potatoes well and boil with the peel in salted water until soft for approximately 30 minutes. While the potatoes are boiling, sauté the onion in the vegetable oil and set aside. Before draining the potatoes, reserve 1 cup of the boiling water. Add consommé to the reserved boiling water and mix well. Drain the potatoes, peel, return to the pot, and mash with a potato masher. Add the sautéed onions. Add the reserved liquid, ¼ cup at a time, until you reach a smooth consistency. Season with salt to taste.

מחית תפוחי אדמה

מנות: 8

לגרסה מהירה יותר של הפירה, ניתן לקלף את תפוחי האדמה מבעוד מועד, לחתוך לקוביות ורק אז להרתיח. במקום לתבל את המנה עם אבקת מרק בטעם עוף ניתן להרתיח את קוביות תפוחי האדמה במרק עוף צח (שימו לב למידת המליחות כאשר משתמשים במרק עוף במקום במים רותחים).

4 פאונד תפו"א לבנים
1 בצל יבש קצוץ
¼ כוס שמן צמחי
1 כף מלח
1 כף אבקת מרק בטעם עוף של אוסם

רוחצים היטב את תפו"א, מעבירים לסיר, מכסים במים, ממליחים מעט ומביאים לרתיחה. מכסים ומבשלים עד שתפו"א רכים, בערך 30 דקות. בזמן שתפו"א מתבשלים, מקפיצים את הבצל בשמן ומניחים בצד. לאחר שתפו"א מוכנים שומרים כוס מים בצד ומסננים את היתרה. מקלפים את תפו"א, מחזירים לסיר ומועכים באמצעות מועך תפו"א. מוסיפים את הבצל המטוגן למחית ומערבבים. כעת מערבבים את כף אבקת המרק לכוס המים ששמרנו בצד, ושופכים למחית תפו"א רבע כוס בכל פעם עד שמגיעים למרקם הרצוי. טועמים ומתבלים במלח בהתאם לטעם.

Chicken Soup

Servings: 4-6

Use squash, zucchini, potato, or any other vegetable of your choice. If you like your soup clear, keep vegetables whole and drain when soup is ready.

1½ pounds of chicken pieces (dark and white meat)
½ stalk leek, sliced
2 stems of celery, diced
½ pound carrots, diced
a few dill stems
2 cloves of garlic, sliced
14 cups of water
salt
a dash of black pepper
2 tablespoons chicken style consommé instant soup and seasoning mix (optional)
1 bay leaf (optional)
1 small piece of ginger, peeled (optional)

Wash, peel, and cut the vegetables. Wash and clean the chicken pieces. You may remove the skin. Boil chicken in water. If foam forms, scoop it off with a tablespoon. Add vegetables, and spices, return to boil, cover and simmer for about 1 hour. Adjust seasoning to taste.

מרק עוף

מנות: 4-6

זהו המתכון הבסיסי, אולם ניתן להוסיף דלעת, קישואים, תפוחי אדמה או כל ירק נוסף שאוהבים. לקבלת ציר מרק נקי השאירו את הירקות שלמים וסננו אותם כשהמרק מוכן.

1 ½ פאונד חלקי עוף
½ כרישה פרוסה
2 גבעולי סלרי קצוצים
½ פאונד גזר פרוס
כמה גבעולי שמיר טרי
2 שיני שום פרוסות
14 כוסות מים
מלח ופלפל שחור
2 כפות אבקת מרק עוף (לא חובה)
1 עלי דפנה (לא חובה)
פיסת ג'ינג'ר טרי קלוף (לא חובה)

רוחצים, קולפים וחותכים את כל הירקות. רוחצים היטב ומנקים גם את חתיכות העוף (ניתן להסיר את העור). בסיר גדול מרתיחים את העוף במים. אם נוצר קצף פשוט גורפים בעזרת כף. מוסיפים את הירקות והתבלינים, מחזירים לרתיחה, מכסים ומבשלים על אש בינונית כשעה. מתקנים תיבול ומגישים.

Chopped Liver

Servings: 6-8

Onion should be caramelized, but take care not to overcook the chicken liver or it will be dry. You may also roast the chicken liver in the oven on high temperature.

1 medium onion, chopped
¾ pounds chicken liver, washed
¼ cup vegetable oil
¾ teaspoon salt
a dash of black pepper
1-2 hard boiled eggs
¼ teaspoon sugar

Sauté the chopped onion until golden in color. Add the chicken livers, salt, pepper and sugar. Mix well and cook thoroughly. Transfer into a mixing bowl, add eggs, and chop with potato masher to desired consistency. Adjust seasoning. Refrigerate.

כבד קצוץ

מנות: 6-8

אנחנו אמנם אוהבים את הבצל שחום ומתוק, אולם את כבד העוף יש לטגן קלות בעדינות ולא לבשל יותר על המידה. ניתן לצלות את הכבדים על רשת צלייה מונחת מעל תבנית בתנור בחום גבוה.

1 בצל בינוני קצוץ
3/4 פאונד כבד עוף שטוף היטב
1/4 כוס שמן צמחי
3/4 כפית מלח
פלפל שחור לפי הטעם
1-2 ביצים קשות
1/4 כפית סוכר

מקפיצים את הבצל הקצוץ עד להשחמה. מוסיפים את כבד העוף, המלח, הפלפל והסוכר. מערבבים ומטגנים היטב. מעבירים לקערת ערבול, מוסיפים את הביצים ומועכים בעזרת מועך תפוחי אדמה עד למרקם הרצוי. טועמים ומתקנים את התיבול. שומרים בקירור.

Fried Eggplant

Servings: 4

A side dish or salad. Make sure to soak the eggplant in salted water as it decreases the bitterness and the eggplant absorbs less oil during frying. Traditionally served for brunch inside a fresh pita with boiled egg and Israeli salad.

1 large eggplant
½ teaspoon salt
2 eggs, beaten (optional)
vegetable oil for frying

Remove the eggplant stem and cut the eggplant into 1/3 inch round slices or into slices lengthwise and place in a bowl. Sprinkle with ½ teaspoon salt and cover with water. Set the eggplant's slices aside for 30 minutes, drain the liquids, and wash the salt off. Pat the slices dry with a paper towel. If using eggs, dip eggplant's slices in the egg mixture, and drain extra egg drippings. Fry eggplant's slices in preheated pan, flip and fry the other side. Serve warm or at room temperature. You may also add some Tachini on top and garnish with chopped Italian parsley.

חצילים מטוגנים

מנות: 4

ניתן להגיש את החצילים כתוספת למנה עיקרית או כסלט. חשוב שלא לדלג על השריית החצילים במים מומלחים על מנת להסיר את המרירות ולצמצם את ספיגת השמן במהלך הטיגון.

1 חציל גדול
½ כפית מלח
2 ביצים טרופות (לא חובה)
שמן צמחי לטיגון

מסירים את הגבעול מהחציל וחותכים לפרוסות לרוחב או לאורך בהתאם לטעם בעובי כ-1/3 אינץ. מניחים בקערה, מפזרים חצי כפית מלח ומכסים במים. משרים למשך כחצי שעה. לאחר מכן מסננים את הנוזלים ורוחצים את המלח מפרוסות החצילים. טופחים לייבוש בעזרת נייר סופג. אם משתמשים בביצים, טובלים את פרוסות החצילים בתערובת הביצים ומנערים יתרת בלילה לפני שמטגנים בשמן החם. מטגנים את פרוסות החצילים משני הצדדים עד להזהבה. מגישים חם או בטמפרטורת החדר. ניתן גם להוסיף מעט מטבל טחינה מעל ולקשט בפטרוזיליה קצוצה.

Salads & Dips סלטים ומטבלים

Hummus

Servings: 8

Use either chickpeas/garbanzo beans from a can or dry beans soaked overnight. If you use dried chickpeas, soak them in cold water overnight with a small amount of baking soda. Wash well before cooking, add water and baking soda and cook for an hour. The chickpeas are ready when their insides are yellow. Tachini often dries at the bottom of the container. To avoid this, mix the container to the bottom before and after each use. Remainder can be used by adding water and olive oil.

1/3 cup Tachini
a can of chickpeas or garbanzo beans (approximately 400 grams)
1/3 cup + 2 tablespoons of water
1 teaspoon olive oil
juice from 1 small lemon
2 cloves of garlic crushed
3/4 teaspoon salt
a pinch of cumin (optional)

Combine all ingredients in food processor and mix. Add water as needed to arrive at hummus consistency.

חומוס

מנות: 8

למתכון זה דרושים גרגירי חומוס מפחית שימורים או גרגירי חומוס שהושרו במשך לילה. אם ניתן, השתמשו בגרגירי חומוס יבש, השרו אותם במים קרים במשך לילה שלם עם קורט סודה לשתייה. רחצו אותם היטב לפני הבישול, הוסיפו מעט סודה לשתייה ובשלו במשך שעה. גרגרי החומוס מוכנים כאשר תוכם הופך צהוב. טחינה לרוב מתגבשת בתחתית הקופסא. כדי למנוע זאת, ערבבו היטב את הטחינה מהתחתית ועד למעלה לפני כל שימוש. ניתן בכל זאת להשתמש בטחינה שהתגבשה על ידי הוספת מים ושמן זית.

1/3 כוס טחינה
פחית גרגירי חומוס (כ-400 גר')
1/3 כוס+ 2 כפות מים
1 כפית שמן זית
מיץ מלימון אחד
2 שיני שום מרוסקות
3/4 כפית מלח
קורט כמון (לא חובה)

אחדו את כל הרכיבים במעבד מזון וערבבו היטב. הוסיפו מים בהתאם לצורך עד לקבלת המרקם הרצוי למרקם החומוס.

Israeli Salad

Servings: 4

For best results use firm red tomatoes such as Roma tomatoes or tomatoes on the vine. We recommend Persian cucumbers in the US; they can be found in many supermarkets and Middle Eastern stores.

2 diced tomatoes
2 diced Persian cucumbers
1 tablespoon chopped Italian parsley
1 finely sliced leaf of Romaine lettuce
juice from ½ a lemon
1 tablespoon olive oil
2 chopped green onions
salt and pepper

Gently toss all ingredients in a salad bowl, add salt and pepper to taste and serve immediately. If you choose to prepare the salad ahead of time (up to 30 minutes prior to meal) add the salt just before serving.

סלט ישראלי

מנות: 4

השתמשו תמיד בעגבניות אדומות מוצקות כמו עגבניות תמר או עגבניות אשכול. אנחנו ממליצים להשתמש במלפפונים פרסיים, הדומים לטעמם של המלפפונים בישראל. ניתן למצוא אותם במגוון מרכולים ומכולות מזרח תיכוניות.

2 עגבניות חתוכות לקוביות קטנות
2 מלפפונים פרסיים חתוכים לקוביות קטנות
1 כף פטרוזיליה קצוצה
1 עלה חסה חתוך דק
מיץ מחצי לימון
1 כף שמן זית
2 בצל ירוק קצוצים
מלח ופלפל שחור לפי הטעם

מערבבים בעדינות את כל מרכיבי הסלט, מוסיפים מלח ופלפל ומגישים מיד. במידה ומכינים את הסלט מראש (עד 30 דקות לפני ההגשה) הוסיפו את המלח רק בצמוד למועד ההגשה על מנת לשמור על פריכות הירקות.

Potato Salad

Servings: 4

Israeli pickled cucumbers in brine are available in cans in many grocery and Middle Eastern stores. You can boil the eggs and potatoes in the same pot.

2½ large Russet potatoes
½ teaspoon salt
1 can (14.5 oz) peas and diced carrots mix, drained
8 small pickles finely chopped
2 green onions, chopped
2 hard boiled eggs cubed
1 cup mayonnaise
1 tablespoon plus 1 teaspoon lemon juice
a dash of black pepper
1 teaspoon salt

Wash the potatoes without removing the peel, put in a pot, cover with water, add ½ teaspoon salt, and boil for about 30 minutes. The potatoes are ready when you insert a knife in the thickest parts and they feel tender. Make sure not to overcook the potatoes otherwise they will fall apart. Let the potatoes cool, then peel and dice them. Put all of the ingredients in a mixing bowl. Mix gently. Adjust seasoning to taste. Refrigerate until ready to serve.

סלט מיונז

מנות: 4

ניתן להשיג מלפפונים בחומץ בפחיות שימורים במרכולים רבים ומכולות מזרח תיכוניות. ניתן להרתיח את הביצים ואת תפוחי האדמה באותו הסיר.

2 ½ תפו"א גדולים
½ כפית מלח
1 פחית שימורים (14.5 אונקיות) תערובת אפונה וגזר
8 מלפפונים חמוצים קטנים קצוצים דק
2 בצל ירוק קצוץ
2 ביצים קשות חתוכות לקוביות
1 כוס מיונז
1 כף + 1 כפית מיץ לימון
קורט פלפל שחור
1 כפית מלח

שוטפים את תפוחי האדמה (מבלי לקלוף), מניחים בסיר עם מים עד לכיסוי ומוסיפים את חצי כפית המלח. מרתיחים במשך כ-30 דקות, או עד שניתן להחדיר דרכם סכין בקלות, ומרכז התפו"א רך. יש להימנע מבישול יתר על מנת שתפוחי האדמה לא יהיו רכים מדי. יש להניח לתפוחי האדמה להתקרר, ולאחר מכן לקלוף ולחתוך לקוביות. להוסיף את כל שאר הרכיבים לקערת ערבוב ולערבב בעדינות. לטעום ולתקן את התיבול בהתאם לטעם. לשמור בקירור עד להגשה.

Mushroom Sauce

Great with a variety of dishes, including potato or meat bourekas.

¼ cup butter or 3 tablespoon olive oil
1 pound mushroom, sliced
1 cup chicken stock
1 tablespoon corn starch diluted in ¼ cup cold water
a dash of black pepper to taste
salt to taste (may not need salt because of salt content in chicken stock)
1 garlic clove, minced (optional)
¼ onion, chopped (optional)

If using onion/garlic, sauté onions in butter or olive oil until translucent. Add garlic and sauté for a few additional seconds. Add sliced mushrooms, salt and pepper and cook until all liquids are absorbed. Add chicken stock and bring to boil. Reduce heat and cook uncovered until fluids are reduced in half. Add corn starch mixture and mix until sauce thickens to desired consistency.

רוטב פיטריות

את הרוטב ניתן להגיש לצד בורקס תפוחי-אדמה או בורקס במילוי בשרי.

1/4 כוס חמאה או 3 כפות שמן זית
1 פאונד פיטריות, חתוכות לפרוסות
1 כוס מרק עוף
1 כף קורנפלור מדולל ב- 1/4 כוס מים קרים
מלח ופלפל שחור לפי הטעם (שימו לב למליחות של מרק העוף)
1 שן שום קצוצה (לא חובה)
1/4 בצל קצוץ (לא חובה)

במידה ומשתמשים בבצל ו/או שום, מקפיצים בחמאה או בשמן זית עד שהבצל נעשה שקוף. מוסיפים את השום וממשיכים להקפיץ כמה דקות. מוסיפים את פרוסות הפיטריות, ומתבלים במלח ופלפל שחור לפי הטעם. מבשלים עד שכל הנוזלים נספגים. מוסיפים את מרק העוף ומביאים לרתיחה. כעת, מנמיכים את האש, מסירים את מכסה הסיר ומצמצמים את הנוזלים לכדי חצי. מוסיפים את תערובת הקורנפלור ומערבבים עד שהתערובת מסמיכה למרקם הרצוי.

Cabbage Salads

Servings: 4

These salads are very popular and kid friendly. Prepare at least 1 hour in advance for the cabbage to soften and flavors to be absorbed. For a modern twist on these traditional salads, add apple slices, walnuts and raisins.

Green cabbage in lemon/oil dressing:

½ small green cabbage, thinly sliced
½ teaspoon salt
2 tablespoons canola oil
2 tablespoons fresh lemon juice
Italian parsley and black pepper (optional)

Green cabbage in mayonnaise:

½ small green cabbage, thinly sliced
1 carrot grated
½ cup mayonnaise
½ teaspoon fresh lemon juice
¼ teaspoon salt
a dash of black pepper

Red cabbage in lemon/oil dressing:

4½ cups red cabbage, thinly sliced
½ cup Italian parsley chopped
1 teaspoon canola oil
3 teaspoon fresh lemon juice
¼ teaspoon salt

Red cabbage in mayonnaise:

3 cups red cabbage, thinly sliced
½ teaspoon lemon juice
1 tablespoon mayonnaise
sprinkle salt/black pepper to taste

Mix all ingredients and refrigerate for a minimum of 1 hour prior to serving.

סלטי כרוב

מנות: 4

סלטים אלו מאוד פופולאריים, ואהובים מאוד על ילדים. רצוי להכין לפחות שעה מראש על מנת שהכרוב יתרכך מעט והטעמים יספגו היטב. לגיוון של הסלטים המסורתיים האלו ניתן להוסיף פרוסות תפוחים, אגוזים וצימוקים.

סלט כרוב ירוק ברוטב שמן ולימון:

1/2 כרוב ירוק קטן, קצוץ דק
1/2 כפית מלח
2 כפות שמן קנולה
2 כפות מיץ לימון טרי
פטרוזיליה קצוצה (לא חובה)
קורט פלפל (לא חובה)

סלט כרוב ירוק במיונז:

1/2 כרוב ירוק קטן, קצוץ דק
1 גזר מגורד דק
1/2 כוס מיונז
1/2 כפית מיץ לימון טרי
1/4 כפית מלח
קורט פלפל שחור

סלט כרוב סגול ברוטב לימון ושמן:

4 1/2 כוסות כרוב סגול קצוץ דק
1/2 כוס פטרוזיליה קצוצה
1 כפית שמן קנולה
3 כפיות מיץ לימון טרי
1/4 כפית מלח

סלט כרוב סגול במיונז:

3 כוסות כרוב סגול, קצוץ דק
1/2 כפית מיץ לימון
1 כף מיונז
קורט מלח ופלפל שחור לפי הטעם

מערבבים היטב את כל מרכיבי הסלט, מקררים למשך שעה לפחות לפני ההגשה.

Beet Salad

Servings: 4

When handling the beets, consider wearing gloves to avoid staining your hands. You can substitute beets with carrots or grilled red peppers.

3 medium size beets (no stalks)
1 tablespoon chopped Italian parsley
¼ teaspoon salt
½ teaspoon fresh lemon juice
2 teaspoons oil
1 crushed clove of garlic
a dash of pepper to taste
1/3 teaspoon cumin (optional)

Boil beets for 45 minutes. Beets are ready when knife inserted in the middle goes through without resistance. Let cool, peel and dice. Transfer to a mixing bowl. Mix all remaining ingredients in a separate bowl and then add to the beets. Mix gently. Adjust seasoning to taste. Refrigerate until ready to serve.

סלט סלק

מנות: 4

כשמתעסקים עם הסלק מומלץ לחבוש כפפות על מנת להימנע מהכתמת הידיים. ניתן גם להחליף את הסלק בגזרים קלופים ומאודים, או בפלפלים אדומים קלויים וקלופים.

3 סלקים בינוניים (ללא הגבעול)
1 כף פטרוזיליה קצוצה
1/4 כפית מלח
1/2 כפית מיץ לימון טרי
2 כפיות שמן
1 שן שום קצוצה
קורט פלפל שחור
1/3 כפית כמון (לא חובה)

מרתיחים את הסלקים במשך כ-45 דקות, עד שניתן להכניס סכין במרכז הסלק ללא התנגדות. להניח להתקרר, ולאחר מכן לקלוף ולקצוץ לקוביות. להעביר לקערת ערבוב. לערבב היטב את רכיבי הרוטב בנפרד ולהוסיף לסלק. לערבב בעדינות על מנת שלא למעוך את חתיכות הסלק. לטעום ולהתאים את התיבול לטעם. יש לקרר עד למועד ההגשה.

Sweet and Sour Cucumber Salad

Servings: 2

The key to this salad is purchasing the right cucumbers. The cucumbers should be small, thin, and crunchy. Persian cucumbers are ideal. They can be found in many supermarkets and Middle Eastern stores.

4 Persian cucumbers, peeled and sliced into thin medallions
2 teaspoon vinegar
1 minced clove of garlic
¾ teaspoon sugar
¼ teaspoon salt
a dash of black pepper to taste

Put the sliced cucumbers in a small mixing bowl. In a separate dish, mix the sugar, garlic, vinegar and spices. Pour the dressing over the cucumbers and mix well. Let the flavors absorb for 5 -10 minutes before serving.

סלט מלפפונים חמוץ ומתוק

מנות: 2

הסוד להצלחה בסלט זה הוא בבחירת המלפפונים. על המלפפונים להיות קטנים, רזים ופריכים. מלפפונים פרסיים הם המתאימים ביותר, וניתן למצוא אותם במגוון מרכולים ומכולות מזרח תיכוניות.

4 מלפפונים פרסיים, קלופים ופרוסים לעיגולים דקים
2 כפיות חומץ
1 שן שום קצוצה
¾ כפית סוכר
¼ כפית מלח
פלפל שחור לפי הטעם

מעבירים את פרוסות המלפפונים לקערת ערבול קטנה. בכלי נפרד מערבבים את הסוכר, השום, החומץ והתבלינים. שופכים את הרוטב על המלפפונים ומערבבים היטב. רצוי להמתין 5 עד 10 דקות לפני ההגשה לשם ספיגת הטעמים.

Yemenite Schug

Schug is a popular hot sauce in Israel. The spiciness of the chili peppers may vary. Therefore, we recommend saving the seeds in a separate dish and adding some back into the schug if you find it too mild.

½ pound red chili pepper, washed and stemmed
6-7 cloves of garlic
A handful of cilantro
1 teaspoon salt
1 teaspoon cumin
a dash of pepper

Cut the chili peppers lengthwise, remove the seeds and set aside for later. Add all ingredients but seeds into a food processor and process until it reaches the desired consistency. Add seeds back in to taste for spicier version of this recipe. Keep refrigerated in a closed jar.

סחוג תימני

תופתעו להיווכח כמה פשוט להכין סחוג משובח. חריפות הפרי של פלפל הצ'ילי משתנה, לכן מומלץ לשמור את גרעיני הפרי ולהוסיף עד לקבלת החריפות הרצויה.

1 1/2 פאונד פלפל צ'ילי אדום חריף
6-7 שיני שום
חופן כוסברה
1 כפית מלח
1 כפית כמון
קורט פלפל

שוטפים את הפלפלים ומסירים את הגבעולים. חותכים את הפלפלים לאורכם. שומרים את הגרעינים בכלי נפרד. מוסיפים את כל הרכיבים לתוך מעבד מזון. מעבדים היטב עד לקבלת הסמיכות הרצויה. לקבלת סחוג חריף יותר, ניתן להוסיף את גרעיני הצ'ילי לפי הטעם. מאחסנים במקרר בצנצנת זכוכית אטומה.

Baba Ganoush

Servings: 8

Select big, unbruised, dark and lightweight eggplants. Drain eggplant well after grilling. A good (not bitter) eggplant is white inside after grilling. If eggplant has dark seed clusters, remove the seeds and taste for bitterness before preparing the salad. The smoky flavor from the BBQ is preferred to oven baked. Use a fork to mash the eggplant.

2 big eggplants
2 tablespoons mayonnaise
2 teaspoon lemon juice
1-2 crushed garlic cloves
a dash of black pepper
salt to taste

Grill the eggplants on preheated BBQ and turn a few times until all sides are blackened. Test with a fork near the stem for softness. Cut the stem and slice the eggplants in half lengthwise, then place in a colander to drain and cool. Scoop the eggplant into a mixing bowl and mash with a fork. Drain the liquids. Add lemon juice, crushed garlic, mayo and spices, and mix well. Adjust seasoning to taste.

חצילים במיונז

מנות: 8

רצוי לבחור חצילים גדולים, בעלי קליפה חלקה וכהה, וקלים ככל האפשר. מומלץ מאוד לסנן את החצילים לאחר הקלייה. חציל טוב (ולא מר) נותר לבן מבפנים לאחר הקלייה. אם לחציל זרעים כהים כדאי להוציא את מרביתם ולוודא את מידת המרירות לפני שמכינים את הסלט. המתכון מוצלח יותר כאשר קולים את החצילים על הגריל אולם ניתן גם לקלות את החצילים בתנור. כדי למעוך את החצילים מספיק להשתמש במזלג.

2 חצילים גדולים
2 כפות מיונז
2 כפיות מיץ לימון
1-2 שיני שום כתושות
קורט פלפל שחור
מלח לפי הטעם

קולים את החצילים על הגריל או בתנור. במהלך הקלייה מסובבים את החצילים מספר פעמים עד שכל הצדדים מושחרים. מכניסים מזלג קרוב לגבעול על מנת לבדוק אם החצילים רכים מספיק. כשהחצילים מוכנים, חותכים את אזור הגבעול ופורסים את החצילים לאורך. מניחים במסננת ומקררים. לאחר מכן מעבירים את בשר החצילים (ללא הקליפה) לקערה, מועכים בעזרת מזלג ומסננים נוזלים שנותרו בכלי. מוסיפים מיץ לימון, שיני שום, מיונז ותבלינים ומערבבים היטב. מתקנים תיבול לפי הטעם.

Tahini dip

Buy high quality tahini; ideally in a store that sells authentic Middle Eastern products. Tahini mainly serves as a dip or a sauce for meat or chicken dishes and sandwiches.

1/3 cup of tahini
½ lemon juice
1 teaspoon of olive oil
1 crushed garlic clove
2/3 cup of cold water
salt to taste

Add all ingredients to a mixing bowl except the water. Add the water slowly, while mixing, until mixture is a light and smooth consistency.

מטבל טחינה

רצוי לרכוש טחינה גולמית איכותית (לא מרירה), מומלץ מחנויות אותנטיות למוצרי מזון מהמזרח התיכון.

1/3 כוס טחינה גולמית
מיץ מחצי לימון
1 כפית שמן זית איכותי
1 שן שום קצוצה
2/3 כוס מים קרים
קורט מלח

לערבב היטב את כל הרכיבים בקערה מלבד המים. יש להוסיף את המים בהדרגה תוך כדי ערבוב עד שמגיעים לסמיכות הרצויה. המרקם הנכון של מטבל הטחינה הינו חלק וקליל.

Entrees — מנות עיקריות

Fish on the Grill

Servings: 1-2

Use a whole Trout or Tilapia, cleaned, deboned with the skin on. Grilling time may vary depending on the choice of fish. Clean and grease grill with ½ onion dipped in a few tablespoons of vegetable oil. Add cilantro, dill or any other fresh herbs of your choice.

1 whole trout fish, cleaned and deboned
¼ cup chopped Italian parsley
2 thinly sliced garlic cloves
¼ lemon (with skin) thinly sliced
salt and pepper
olive oil

Preheat BBQ to medium/high heat.

Place the fish in a shallow dish. Sprinkle salt, pepper, and olive oil inside and outside of the fish. Insert into fish cavity the chopped Italian parsley, sliced lemon, and garlic. Close fish and place on the preheated grill for approximately 3 ½ minutes on each side. Grilling time will vary depending on the type of fish. Make sure to flip fish only once. The fish is ready when it is white and flakey.

דג בגריל

מנות: 1-2

אנחנו ממליצים על דג פורל שלם או מושט, נקי וללא עצמות אך עם העור. זמן הצלייה יכול להשתנות בהתאם לסוג הדג. את הגריל מנקים ומשמנים בעזרת חצי בצל טבול במעט שמן צמחי. ניתן להוסיף למתכון גם כוסברה, שמיר וכל עשב תבלין טרי שרוצים.

1 דג פורל שלם, נקי וללא עצמות
1/4 כוס פטרוזיליה קצוצה
2 שיני שום פרוסות דק
1/4 לימון פרוס דק
מלח ופלפל לפי הטעם
שמן זית

מחממים את הגריל לחום בינוני-גבוה. מניחים את הדג בכלי עמוק. מפזרים מלח, פלפל ושמן זית בתוך הדג ומעליו. מכניסים לתוך הדג את הפטרוזיליה, הלימון והשום. סוגרים את הדג ומניחים על הגריל החם למשך כ- 3 ½ דקות מכל צד. חשוב להקפיד להפוך את הדג פעם אחת בלבד. הדג מוכן כאשר הבשר לבן ומתפורר בקלות.

Kebabs

Servings: 4

For tenderness and flavor we recommend 20% fat meat. If you choose a leaner meat, add 3 tablespoons of olive oil. Clean and grease the grill with ½ onion dipped in a bit of vegetable oil.

1 pound ground beef
1 pound ground lamb
½ cup chopped Italian parsley
½ teaspoon ground pepper
1 teaspoon cumin
1 1/2 teaspoon salt
1 onion finely chopped
2 cloves of garlic crushed
2 tablespoon olive oil
½ teaspoon baking soda

Optional additions:

½ teaspoon coriander or
1 tablespoon Amba (Pickled Mango) or
¼ teaspoon cinnamon

Gently mix together all the ingredients but the baking soda. For more flavor, cover and refrigerate for 2 to 12 hours. Shortly before grilling, add baking soda and mix well. Shape into long patties and place on pre-heated and greased grill. Grill the kebabs over moderately-high temperature for a short time. Make sure to flip only once.

קבבים

מנות: 4

לקבלת מרקם רך וטעם עשיר אנו ממליצים על בשר עם 20% שומן. אם משתמשים בבשר רזה יש להוסיף 3 כפות שמן זית. מנקים ומשמנים את הגריל בעזרת חצי בצל טבול במעט שמן צמחי.

1 פאונד בשר בקר טחון
1 פאונד בשר כבש טחון
1/2 כוס פטרוזיליה קצוצה
1/2 כפית פלפל שחור
1 כפית כמון
1 1/2 כפית מלח
1 בצל קצוץ דק
2 שיני שום קצוצות
2 כפות שמן זית
1/2 כפית סודה לשתיה

הצעות לגיוון:

1/2 כפית תבלין כוסברה, או
1 כף עמבה, או
1/4 כפית קינמון

מערבבים בעדינות את כל הרכיבים (מלבד הסודה לשתייה). להעשרת הטעמים, מכסים ומקררים במקרר לשעתיים לפחות, ולכל היותר ל-12 שעות. לאחר הקירור מוסיפים את אבקת הסודה לשתייה ומערבבים היטב. מעצבים לקציצות מוארכות ומניחים על גריל משומן וחם. רצוי לצלות את הקבבים בטמפרטורה גבוהה למשך זמן קצר. יש להקפיד להפוך פעם אחת בלבד. מגישים חם.

Mushroom Quiche (Pashtida)

Servings: 8

This quiche is great for a dairy meal or for a buffet. You can substitute mushrooms with vegetables of your choice. Spinach, herbs, or broccoli are also popular fillings. You can substitute mushroom stock cube with onion or vegetable.

Quiche crust:

2 cups flour
1 teaspoon baking powder
2/3 cup sour cream
6 tablespoon butter
pinch of salt

Filling:

2 tablespoon butter
2 large onions, diced
1 pound fresh sliced mushrooms
2 tablespoon water
2 mushroom or onion stock cubes
3 eggs beaten
2/3 cup sour cream
1 cup shredded Mexican Cheese Mix
salt and pepper to taste

Preheat oven to 350°F. Grease a round deep pie dish. In a food processor, process all quiche crust ingredients until a soft dough forms. On a floured surface, roll dough into a circle the size of the bottom of the dish plus sides. Spread the dough across the bottom of the oven dish and extend it to the dish sides.

For the filling, melt the butter in a pan, add the diced onions and sauté onions until they are translucent. Add mushrooms and sauté until all liquids are absorbed and mushrooms are golden in color. Add water, mushroom stock, salt and pepper and mix well until all incorporated. Let cool. Add sour cream, shredded cheese and eggs and mix well. Pour the filling over the crust. Bake for 50 minutes or until a toothpick inserted in the middle comes out clean.

פשטידת פיטריות

מנות: 8

סודות מהמטבח: פשטידה זו נהדרת לארוחה חלבית או למזנון. ניתן להחליף את הפיטריות בירקות אחרים בהתאם לטעם. תרד, עשבי תיבול וברוקולי נחשבים למילויים מאוד פופולאריים. אפשר להחליף את ציר הפיטריות גם בקוביות בצל או ירקות.

לקלתית:

2 כוסות קמח
1 כפית אבקת אפייה
2/3 כוס שמנת חמוצה
6 כפות חמאה
קורט מלח

למילוי:

2 כפות חמאה
2 בצלים גדולים קצוצים
1 פאונד פיטריות טריות פרוסות
2 כפות מים
2 קוביות תיבול בטעם פיטריות או בצל
3 ביצים טרופות
2/3 כוס שמנת חמוצה
1 כוס תערובת גבינה צהובה מקסיקנית מגורדת
מלח ופלפל שחור לפי הטעם

מחממים תנור ל 350F°.
משמנים תבנית קיש עגולה ועמוקה. במעבד מזון, מעבדים את כל מרכיבי הקלתית עד שנוצר כדור בצק רך. על משטח מקומח, מרדדים את הבצק לעיגול בקוטר תחתית התבנית בתוספת שוליים. מעבירים בעדינות את הבצק המרודד לתבנית (ניתן להיעזר במערוך) ומהדקים היטב לדפנות.

למילוי, ממיסים במחבת את החמאה, מוסיפים את הבצל הקצוץ ומקפיצים עד שנעשה שקוף. מוסיפים את הפיטריות וממשיכים להקפיץ עד לספיגת כל הנוזלים ולקבלת צבע זהוב בהיר. מוסיפים את המים, קוביות התיבול, מלח ופלפל ומערבבים היטב. מסירים מהאש ומניחים להתקרר. מוסיפים את הביצים, השמנת החמוצה והגבינה המגורדת, מערבבים ושופכים את תערובת המילוי על הקלתית. מפזרים את הגבינה הצהובה המגורדת, אופים 50 דקות או עד שקיסם במרכז הפשטידה יוצא יבש.

Chicken in the Oven

Servings: 4

In this recipe, the vegetables are cooked in the chicken's drippings and are very flavorful and rich in taste.

2½ pounds chicken pieces
10 small carrots cut to ½ inch pieces
2 pounds white potatoes, cubed
1 large onion sliced into large pieces
2 teaspoon salt
¼ teaspoon ground black pepper
¼ teaspoon Herbs De Provence or
2 stems of fresh rosemary and 2 stems of fresh thyme
1 teaspoon paprika
2 cloves of garlic, minced
3 tablespoons olive oil

Preheat the oven to 375ºF. In a large deep oven dish, combine the ingredients and rub the spices in. Cover the pan with aluminum foil and bake for 1 hour. When the potatoes are soft, uncover the dish, adjust oven setting to broil and broil for 10 minutes until the chicken is golden brown. Serve immediately.

עוף בתנור

מנות: 4

במתכון זה הירקות המתבשלים בנוזלים של העוף נעשים מאוד ארומתיים ועשירים בטעם.

2 1/2 פאונד חלקי עוף
10 גזרים קטנים חתוכים בגודל כ-1/2 אינץ
2 פאונד תפו"א לבנים, חתוכים לקוביות
1 בצל גדול חתוך גס
2 כפיות מלח
1/4 כפית פלפל שחור
1/4 כפית עשבי תיבול צרפתי או 2 גבעולים טריים של רוזמרין ו-2 גבעולים טריים של טימין
1 כפית פפריקה
2 שיני שום קצוצות
3 כפות שמן זית

מחממים תנור ל 375°F. בכלי גדול חסין לחום, מערבבים את כל התבלינים והשמן, מורחים היטב את חלקי העוף ומוסיפים את שאר הירקות. מערבבים בעדינות עד לכיסוי מלא של כל הרכיבים בתערובת התבלינים. מכסים את הכלי בנייר כסף ואופים כשעה. כאשר תפוחי האדמה רכים, מגלים את התבנית, משנים את חום התנור לגריל וצולים ל-10 דקות נוספות עד שהעוף נעשה חום-זהוב. מגישים מיד.

Shnitzel

Servings: 4

Wash, clean, pat dry, and slice the chicken breasts into fillets of about 1/3 inch thickness. You can also use veal or fish in place of chicken breasts. If you use plain bread crumbs, we recommend adding seasoning such as salt, pepper, garlic powder, paprika and sesame seeds.

2 pounds boneless chicken breast
2 eggs
½ teaspoon mustard
2 cups Italian bread crumbs
salt and pepper to taste
oil for frying

Cut the chicken breasts into fillets 1/3 inch thick. In a shallow dish, beat the eggs with mustard, salt and pepper. Dip the chicken breast into the egg mixture, then coat with the Italian bread crumbs. Heat the oil in a heavy skillet over medium heat. Fry the chicken breast fillets until golden brown for 4 minutes on each side.

שניצל

מנות: 4

חשוב לרחוץ, לנקות ולייבש את חזה העוף, ואז לפרוס אותו לפרוסות בעובי של כ- 1/3 אינץ. מתכון זה מתאים גם לבשר עגל או לדג במקום חזה עוף. אם מעדיפים פירורי לחם טבעיים על פני פירורי לחם מתובלים (איטלקיים), אנחנו ממליצים להוסיף לפירורי הלחם תבלינים כגון מלח, פלפל, אבקת שום, פפריקה ושומשום.

2 פאונד חזה עוף ללא עצמות
2 ביצים
1/2 כפית חרדל
2 כוסות פירורי לחם מתובלים (איטלקיים)
מלח ופלפל לפי הטעם
שמן לטיגון

פורסים את חזות העוף לנתחים בעובי של כ-1/3 אינץ. בקערית טורפים את הביצים ביחד עם החרדל, מלח ופלפל. טובלים את נתחי העוף בתערובת הביצים, מעבירים לצלחת שטוחה עם פירורי לחם ומצפים היטב. מחממים שמן במחבת כבדה ומטגנים מעל אש בינונית עד להזהבה, בערך 4 דקות מכל צד. מעבירים לנייר סופג ומגישים חם.

Shakshuka

Servings: 3-6

Eggs poached in tomato sauce served with pita or challah is a great breakfast or light dinner served with an Israeli salad. Pomi strained or chopped tomatoes are ideal, but any type of tomatoes packaged with liquids can be used.

¼ cup olive oil
1 small yellow onion, chopped
5 cloves garlic, minced
½ tablespoon paprika
1 26.5 oz container Pomi strained or diced tomatoes
salt and black pepper to taste
1 teaspoon sugar
6 eggs
1 tablespoon chopped Italian parsley
2 chilies, stemmed, seeded, and finely chopped (optional)
½ teaspoon ground cumin (optional)

Heat oil in a large skillet over medium-high heat. Add onions and chilies and cook, stirring occasionally, until soft and golden brown for about 5 minutes. Add minced garlic, cumin, and paprika, and cook, stirring frequently, until garlic is soft.

Add strained tomatoes and sugar to skillet, reduce heat to medium, and simmer, stirring occasionally, until thickened slightly. (est. 10 minutes) Season sauce with salt and pepper. Crack eggs over sauce so that eggs are evenly distributed across skillet's surface. Cover skillet and cook until yolks are just set. (est. 5 minutes) Garnish with Italian parsley and serve with bread.

שקשוקה

מנות: 3-6

שקשוקה מצוינת עם פיתה או חלה שניתן לטבול ברוטב. שקשוקה לרוב מוגשת כארוחת בוקר עם סלט ישראלי, אבל יכולה להוות תחליף נהדר לארוחה קלה או חלבית. אנחנו אוהבות להשתמש בעגבניות קצוצות או ברסק, אולם כל סוג של עגבניות שנארזו עם הנוזלים שלהן יתאימו למתכון.

1/4 כוס שמן זית
1 בצל קטן קצוץ
5 שיני שום קצוצות
1/2 כפית פפריקה מתוקה
1 פחית (26.5 אונקיות) עגבניות מרוסקות או רסק עגבניות
מלח ופלפל לפי הטעם
1 כפית סוכר
6 ביצים
1 כף עלי פטרוזיליה קצוצים
2 פלפלים חריפים, מגולענים וקצוצים (לא חובה)
1/2 כפית כמון (לא חובה)

במחבת גדולה מחממים את השמן על אש בינונית- גבוהה. מוסיפים את הבצל והפלפל, מטגנים קלות תוך כדי ערבוב עד להזהבה, כ-5 דקות. מוסיפים שום קצוץ, כמון ופפריקה וממשיכים לטגן תוך כדי ערבוב עד שהשום רך, כדקה נוספת. מוסיפים את העגבניות והסוכר, מנמיכים את האש ומבשלים עד שמתקבל רוטב סמיך יותר, כ-10 דקות. רצוי לערבב מדי פעם .

מטבלים את הרוטב במלח ופלפל, ושוברים את הביצים מעל הרוטב כך שהביצים מפוזרות באופן שווה על פני המחבת. מכסים את המחבת ומבשלים עד שהחלמונים מתקשים, כ-5 דקות. מפזרים פטרוזיליה קצוצה ומגישים עם לחם.

Chicken/Vegetable Patties

Servings: 2-4

"Ktzitzot" are easy to make and kids love them. These patties can be eaten hot or cold. They make great sandwiches. You may substitute the chicken with fish, ground beef, or not use meat at all. Frying time will vary accordingly.

1 pound chicken breast cut into small cubes
½ small onion chopped
a handful of Italian parsley chopped
2 eggs
salt and pepper to taste
vegetable oil for frying

Cut the chicken breast into very small cubes. Transfer into a mixing bowl. Chop the onion and Italian parsley and add to the bowl. Add the rest of the ingredients and mix well. Heat the oil in a frying pan over medium-high heat, then use a tablespoon to take just enough of the mixture to create small patties in the frying pan. Fry the patties for 2 minutes on each side until golden brown.

קציצות עוף/ירק

מנות: 2-4

זהו מתכון קל להכנה שילדים אוהבים. את הקציצות אפשר לאכול קרות או חמות, והן נהדרות למילוי כריכים. אפשר להחליף את העוף בדג, בשר בקר טחון או לא להשתמש בבשר בכלל. זמן הטיגון ישתנה בהתאם כמובן.

1 פאונד חזה עוף חתוך לקוביות קטנות
1/2 בצל קטן קצוץ דק
חופן פטרוזיליה קצוצה
2 ביצים
מלח ופלפל שחור לפי הטעם
שמן לטיגון

בקערה מערבבים את קוביות העוף, הבצל והפטרוזיליה. מוסיפים את שאר המרכיבים ומערבבים היטב. מחממים את השמן במחבת על אש בינונית-גבוהה. בעזרת כף אומדים את הכמות הדרושה על מנת ליצור את הקציצות ומכניסים לשמן. מטגנים למשך 2 דקות מכל צד, עד להזהבה.

Baked Goods & Desserts

מאפים וקינוחים

Pita Bread

Servings: 12-16

The pita is ready when it is ivory in color. Place hot pitas into a brown paper bag so the steam will soften the pita. For a Middle Eastern twist, before baking, brush olive oil, spread zaatar and crumbled feta cheese on top and bake on one side only.

3½ cups flour
1 envelope dry rapid rise yeast
½ teaspoon salt
2 tablespoon vegetable oil
1 tablespoon vinegar
1½ cups water

In a large bowl, knead ingredients into dough until smooth and elastic. Cover the bowl and let rest for 1½ -2 hours until double in size. Place a large cloth over the kitchen counter and spread flour over it. Divide the dough into small balls of about 2 inches diameters, and roll into circles of about 5 inches. Place the pitas on the floured cloth, cover and let rest for another hour. Preheat the oven to 400°F. Place 2-3 pitas on a baking sheet in the middle rack, and bake for 5 minutes, turn over and bake for 2 more minutes, until it rises and bakes through.

פיתות

מנות: 12-16

קל מאוד לאפות פיתות, אולם יש להניח לבצק לתפוח פעמיים. חשוב לא לאפות את הפיתות יתר על המידה. הפיתות מוכנות כאשר הן מקבלות גוון שנהב קל, אם הן הופכות לחום-זהוב סימן שאפיתם אותן יותר מדי. את הפיתות החמות הניחו בשקיות נייר חום, על מנת שהאדים ירככו את הפיתות. לגיוון, ניתן לפזר על הפיתה, טרם הכנסתה לתנור, שמן זית, זעתר ופירורי גבינת פטה ולאפות על צד אחד בלבד.

½ 3 כוסות קמח
1 שקית שמרים יבשים
½ כפית מלח
2 כפות שמן צמחי
1 כף חומץ
½ 1 כוסות מים

בקערת ערבוב גדולה לשים את כל הרכיבים לבצק, עד שמתקבל בצק רך ואלסטי. מכסים את הקערה ונותנים לבצק לנוח למשך שעה וחצי עד שעתיים, עד שהבצק מכפיל את נפחו. פורסים מפה גדולה על השיש במטבח ובוזקים עליה קמח. מחלקים את הבצק לכדורים בקוטר של כ-2 אינץ. מרדדים כל כדור לעיגול בקוטר של כ- 5 אינץ. מניחים כל פיתה על גבי המשטח המקומח, מכסים ומתפיחים למשך לשעה נוספת. מחממים תנור ל 400° F, מניחים 3-2 פיתות על תבנית אפייה במרכז התנור, אופים למשך 5 דקות. הופכים ואופים במשך 2 דקות נוספות, עד שהפיתות תפוחות ואפויות.

Chocolate Balls

Servings: 16

Heavy cream can be substituted for ½ cup of butter. 2 tablespoons cocoa powder and 2 tablespoons of sugar can substitute the bittersweet chocolate.

200 g tea biscuits
½ cup heavy cream
1 cup bittersweet chocolate
1 tablespoon sugar
¼ cup milk
1 tablespoon brandy (optional)
1 teaspoon vanilla extract

Topping: shredded coconut, crushed nuts or rainbow sprinkles

Mix the chocolate, cream, milk and sugar in a small sauce pan over low heat. Mix frequently until chocolate melts and sauce is smooth. Do not boil. Remove from heat. In a food processor, process biscuits into crumbs and transfer to a mixing bowl. Add the chocolate sauce and slowly mix with a spoon. If too soft, refrigerate for 10 minutes. Form balls (the size of a golf ball) and roll in topping of your choice. Keep Refrigerated.

כדורי שוקולד

מנות: 16

ניתן להחליף את השמנת המתוקה בחצי כוס חמאה (100 גר' בקירוב). ניתן גם להחליף את השוקולד המריר עם 2 כפות אבקת קקאו ולהוסיף 2 כפות סוכר.

200 ג' עוגיות פתי בר
1/2 כוס שמנת מתוקה
1/2 כוס פצפוצי שוקולד מריר
1 כף סוכר
1/4 כוס חלב
1 כף ברנדי (לא חובה)
1 כפית תמצית וניל

לציפוי:

קוקוס גרוס, אגוזים קצוצים, סוכריות צבעוניות

מערבבים את השוקולד, השמנת, החלב והסוכר במחבת קטנה על אש נמוכה. מערבבים מדי פעם עד שהכל נמס לתערובת חלקה, אך יש להימנע מהרתחת התערובת. מסירים מהאש. במערבל מזון, קוצצים את העוגיות לפירורים ומעבירים לקערה. מוסיפים את תערובת השוקולד המומס בעדינות ומערבבים בעזרת כף. במידה והתערובת רכה מדי מקררים במקרר למשך 10 דקות. יוצרים מהתערובת כדורים בגודל כדור גולף ומגלגלים בתוך כלי קטן עם הציפוי הרצוי. אוכלים מיד או שומרים במקרר.

Chocolate Yeast Cake

Servings: 3 cakes

Butter and milk can be substituted for margarine and water. This cake freezes well when fresh. This recipe produces three cakes baked in aluminum bread loaf pans.

Dough:

1 envelope rapid rise active yeast (¼ oz)
½ cup and 2 tablespoons lukewarm milk
1 teaspoon sugar
3 cups flour
1 stick butter (8 tablespoons)
2 eggs, room temperature
½ teaspoon salt
¼ cup sugar

Chocolate filling:

1 stick of unsalted butter at room temperature (8 tablespoons)
2/3 cup chocolate chips
2 tablespoons cocoa powder
1 teaspoon vanilla extract
½ teaspoon cinnamon
½ cup of sugar

Glaze: 1 egg yolk, beaten mixed with 1 tablespoon water

In a small bowl, mix the yeast, milk, and 1 teaspoon of sugar. Cover and let rest for 5 minutes. Add all ingredients and the yeast mixture and knead until the dough is smooth, shiny and a little sticky. Cover bowl and let dough rest for 1 hour at room temperature.

For the filling; melt the butter and chocolate chips together and add the cocoa, sugar, vanilla extract and cinnamon mixing until smooth yet grainy because of sugar content. Refrigerate for 10 minutes or until the filling spreads easily. Divide the dough into three even pieces. Roll one piece into a rectangle that is ¼ inch thick. Spread the chocolate mix evenly over the dough 1/2 inch from edges. To avoid leaks, slightly fold each end of the short side of the rectangle. Starting from the long side, roll dough into a long cylinder. Slice the roll into 3 long strips and braid. This will be messy as filling will leak. Place the braid into a greased loaf pan tucking in the two edges. Repeat this process with the other two pieces of dough making three cakes in total. Let cakes rise for 1 hour. Brush with egg mixture. Bake in pre heated oven at 350°F for 35 minutes.

עוגת שמרים שוקולד מסורתית

מנות: 3 עוגות

אנחנו הכי אוהבים את העוגה בגרסה החלבית עם חמאה וחלב, אולם ניתן גם להשתמש במרגרינה ומים ועדיין לקבל תוצאה טובה. ניתן גם לשמור אותה לאורך זמן בהקפאה.

לבצק:

1 שקית שמרים יבשים (1/4 אונקיה)
1/2 כוס חלב פושר + 2 כפות
1 כפית סוכר
3 כוסות קמח
8 כפות חמאה ללא מלח
2 ביצים בטמפ' החדר
1/2 כפית מלח
1/4 כוס סוכר

למילוי שוקולד:

8 כפות חמאה ללא מלח
2/3 כוס פצפוצי שוקולד
2 כפות קקאו
1 כפית תמצית וניל
1/2 כפית אבקת קינמון
1/2 כוס סוכר

זיגוג:

1 ביצה טרופה בתוספת כף מים

בקערה קטנה, מערבבים את השמרים, חלב פושר וכפית סוכר. מכסים ונותנים לשמרים לתסוס 5 דקות. במיקסר עם וו לישה מוסיפים את כל שאר מרכיבי הבצק, יחד עם תערובת השמרים ולשים כ-5 דקות במהירות בינונית עד שמתקבל בצק חלק, מבריק ומעט דביק. מכסים את הקערה ומתפיחים למשך כשעה בטמפרטורת החדר.

למילוי, ממיסים את החמאה והשוקולד ביחד. מוסיפים קקאו, תמצית וניל וקינמון ומערבבים לתערובת חלקה. מקררים במקרר למשך 10 דקות עד שמתקבל מרקם נוח למריחה. התערובת תהיה מעט מגורענת בגלל הסוכר, וזה בסדר, הסוכר יימס במהלך האפייה.

מחלקים את הבצק לשלושה חלקים. מרדדים שליש מכמות הבצק למלבן לעובי של כ- רבע אינץ. מורחים שליש מתערובת השוקולד באופן אחיד על פני מלבן הבצק עד ל- 1/2 אינץ מהשוליים. כדי להימנע מגלישת המילוי רצוי לקפל את השוליים לרוחב המלבן. כעת מגלגלים את הבצק לגליל לאורך. כדי ליצור דוגמת צמה, פורסים את הגליל לאורכו לשלוש רצועות. המילוי עלול לנזול, אז שימו לב. קולעים את שלוש הרצועות לצמה ומהדקים את הקצוות. מניחים את העוגה הקלועה לתוך תבנית משומנת ומהדקים את הקצוות לתחתית. חוזרים על אופן ההכנה עם שני שליש הבצק הנותר. מתפיחים את שלושת העוגות במשך שעה. מברישים עם הביצה הטרופה ואופים בתנור מחומם מראש 350F° ל- 25 – 30 דקות.

Poppy Seed Roll

Servings: 2 cakes

This dough is the same as the chocolate yeast cake. Poppy seeds are best when freshly ground. Grind seeds with a coffee grinder just before baking.

Dough:

1 envelope rapid rise active yeast (¼ oz)
½ cup plus 2 tablespoons lukewarm milk
1 teaspoon sugar
3 cups flour
1 stick butter (8 tablespoons)
2 eggs, room temperature
½ teaspoon salt
¼ cup sugar

Poppy seed filling:

1½ cups poppy seeds, ground
1½ cups powdered sugar
1 lemon, zest
1 lemon, juice
¼ cup milk
¼ cup raisins soaked in liquor (optional)

Glaze: 1 egg, beaten mixed with 1 tablespoon water

In a small bowl, mix the yeast, lukewarm milk and 1 teaspoon of sugar. Cover and let bubble for 5 minutes. Add all ingredients and the yeast mixture and knead until the dough is smooth, shiny and a little sticky. Cover bowl and let dough rest for 1 hour at room temperature.

Put the filling ingredients in a small saucepan and simmer for 15 minutes or until the mixture thickens, mixing frequently. If needed, add a few tablespoons of milk to keep mixture moist. Set aside to cool. Divide the dough in half. Roll each half into a ¼ inch thick rectangle. Spread half of the poppy seed filling evenly over the rectangle one inch from edges. To avoid spill over, slightly fold in 1 inch of each short side. Starting from one edge, roll dough into a long cylinder. Repeat with the remaining dough. Transfer onto a greased baking sheet, and let rise for 1 additional hour. Brush egg mixture, make slits, half inch deep, 2 inch apart with a knife for steam to evaporate, and bake in pre-heated oven at 350°F for about 25 minutes until cake is baked thoroughly and golden in color.

רולדת פרג מסורתית

מנות: 2 עוגות

הבצק לעוגת הפרג הינו אותו הבצק כמו עוגת שוקולד שמרים, והכמות במתכון זה מספיקה לשתי עוגות בתבנית של אינגליש קייק. מומלץ להשתמש בפרג טחון טרי לקבלת טעם וארומה חזקים יותר. אנחנו טוחנים את זרעי הפרג במטחנת קפה לפני האפייה.

לבצק:

1 שקית שמרים יבשים (1/4 אונקיה)
½ כוס ועד 2 כפות חלב פושר
1 כפית סוכר
3 כוסות קמח
8 כפות חמאה
2 ביצים בטמפרטורת החדר
½ כפית מלח
¼ כוס סוכר

למילוי הפרג:

1½ כוסות פרג טחון
1½ כוסות אבקת סוכר
גרידת לימון שלם
1 לימון סחוט
¼ כוס חלב
¼ כוס צימוקים מושרים בליקר (לא חובה)

זיגוג:

1 ביצה טרופה

בקערה קטנה מערבבים שמרים, חלב פושר וכפית סוכר. מכסים ומשרים למשך 5 דקות. במערבל עם וו לישה מוסיפים את שאר רכיבי הבצק ואת תערובת החלב והשמרים, לשים 5 דקות במהירות בינונית עד שנוצר בצק רך, מבריק ומעט דביק. מכסים ומניחים להתפחה למשך כשעה בטמפרטורת החדר. אם ניתן, מעבירים למקרר ומתפיחים 2-3 שעות נוספות.

בסיר קטן מבשלים את כל רכיבי מלית הפרג תוך כדי ערבוב כ-15 דקות או עד שהתערובת מסמיכה. אם נחוץ, מוסיפים כמה כפיות חלב על מנת לשמור על התערובת לחה. מורידים מהאש ומקררים.

מחלקים את הבצק לשני חלקים, מרדדים כל חלק על משטח מקומח למלבן בעובי כ ¼ אינץ. מורחים מחצית מתערובת המילוי בשכבה אחידה על הבצק ומשאירים מעט שוליים. כדי למנוע זליגה של המילוי במהלך האפייה מקפלים בעדינות את השוליים לרוחב המלבן. ,מגלגלים את הבצק לגליל, מתחילים מאחד הקצוות לאורך. מכינים את החלק השני של הבצק באותו אופן.

מעבירים לתבנית מצופה בנייר אפייה ומשומנת. מניחים להתפחה שנייה לכשעה. מערבבים ביצה עם כף מים ומברישים את העוגה במברשת. בעזרת סכין חורצים מספר חריצים בעומק של כחצי אינץ וברווחים של 2 אינץ, אחד מהשני, לאפשר לאדים לצאת ואופים בתנור מחומם מראש ל 350°F כ-25 דקות עד להזהבה.

Baked Cheese Cake

Servings: 1 cake

Israeli soft cheese is hard to replicate in the US, but a combination of sour cream and Greek yogurt sweetened with sugar comes close. You will need a 10 inch round pan, 3 inches deep minimum.

Crust:

1 stick (8 tablespoons) cold unsalted butter (use remainder of stick to butter the pan)
¼ cup sugar
pinch of salt
1 teaspoon vanilla extract
1 egg yolk
1 cup flour, and 1 tablespoon (to use later)

Filling

350 g sour cream
400 g Greek yoghurt (Fage)
1½ cup sugar
1/3 cup cornstarch
1/3 cup of flour
pinch of salt
lemon zest from ½ lemon
1 teaspoon vanilla extract
1 cup of milk
5 eggs (separate yolk from the white)

In a food processor, mix the crust ingredients until they form a smooth ball. Wrap the dough in plastic and refrigerate for 1 hour. Pre-heat oven to 350°F. Butter the pan with unsalted butter. Roll the chilled dough on a floured surface to an 11 inch circle and place at the bottom of the pan. With a fork, stab the dough a few times and bake for 10 minutes. Remove from oven and increase the oven temperature to 375°F.

Whip the egg whites with the sugar until a peak is formed. In a separate bowl, mix the rest of the filling ingredients and then fold the egg whites in gently and slowly. Pour the filling over the chilled crust, and bake for 45 minutes, until a toothpick inserted in the middle comes out clean. Turn the oven off, open the oven door halfway and keep the cake in the oven to cool slowly for 10 minutes before taking it out of the oven. Let the cake cool until it reaches room temperature. Sprinkle powered sugar on top and serve as is or with berries. Keep cake refrigerated. The cake is best the next day.

עוגת גבינה אפויה

מנות: עוגה אחת

המתכון המקורי מצריך גבינה ישראלית רכה. אנחנו התנסינו עם מגוון גבינות זמינות בארצות הברית ומצאנו שהשילוב בין שמנת חמוצה ליוגורט יווני מעניק את המרקם והטעם שחיפשנו. התאמנו את כמות הסוכר לחמיצות האופיינית של גבינות אלו, בתקווה שתיהנו מהעוגה בדיוק כמונו!

למתכון נדרשת תבנית עגולה בקוטר 10 אינץ, בגובה של 3 אינץ לפחות.

לבסיס:

8 כפות חמאה קרה ללא מלח (בשארית ניתן לשמן את התבנית)
1/4 כוס סוכר
קורט מלח
1 כפית תמצית וניל
1 חלמון ביצה
1 כוס קמח, ועוד כף (לרידוד הבצק)

למילוי:

350 גר' שמנת חמוצה
400 גר' יוגורט יווני (FAGE מומלץ)
1 1/2 כוס סוכר
1/3 כוס עמילן תירס
1/3 כוס קמח
קורט מלח
גרידת לימון מחצי לימון
1 כפית תמצית וניל
1 כוס חלב
5 ביצים מופרדות לחלבונים ולחלמונים

במעבד מזון, מערבבים את מרכיבי הבסיס עד שנוצר כדור בצק אחיד. עוטפים את הבצק בנייר נצמד ומקררים במקרר למשך שעה. מחממים תנור ל 350°F. משמנים את התבנית בחמאה. מרדדים את הבצק הקר על משטח מקומח לעיגול בקוטר 11 אינץ ומעבירים לתחתית התבנית. בעזרת מזלג, דוקרים את הבצק מספר פעמים ואופים 10 דקות. מוציאים מהתנור ומעלים את החום ל-375°F.

למילוי: מקציפים את החלבונים עם הסוכר עד שנוצר קצף יציב. בקערה נפרדת, מערבבים את שאר מרכיבי המילוי ומקפלים בעדינות את הקצף לתוך התערובת. מוזגים את המילוי על גבי הבסיס האפוי ואופים 45 דקות, עד שקיסם נעוץ במרכז העוגה יוצא יבש. מכבים את התנור, פותחים את דלת התנור מעט ומשאירים את העוגה להתקרר 10 דקות לפני שמוציאים מהתנור. מניחים לעוגה להתקרר עד שהיא מגיעה לטמפרטורת החדר. מפזרים אבקת סוכר ומגישים או מוסיפים פירות יער מעל. שומרים את העוגה במקרר. רצוי להכין יום מראש.

Cheese Cake -No Bake

Serving Size: 1 cake

For crunchier topping, crumble just before serving. Use 9 inch round pan.

Crust:

½ cup sugar
2 cups self rising flour
3 egg yolks
2 sticks (16 tablespoons) butter cut into cubes

Filling:

450 ml heavy cream
250 g sour cream
250 g Greek yoghurt (Fage)
2/3 cup sugar
½ lemon zest

Mix crust ingredients into a ball. If dough is sticky, cover and chill for 20 minutes. Cut 2/3 of the dough and roll to 1/3 inch thick circle and press into a buttered pan. Roll remaining dough into a circle and place in second pan to bake and use for crumbled topping.

Bake both crusts in a 350°F pre-heated oven for 15 minutes until golden. Cool. Whip cream and sugar until creamy. In a second bowl mix remaining ingredients. Fold whipped cream into cheese mixture gently. Fill the cooled crust with the mixture. Crumble the second crust on top of the cake. Chill for 4 hours to set.

עוגת גבינה פירורים - ללא אפייה

מנות: עוגה אחת

לתוצאה פריכה יותר יש לפורר את כיסוי הפירורים ממש לפני ההגשה. שאריות פירורים ניתן לאכסן בכלי אטום במקרר ולהשתמש למתכון כדורי שוקולד או כתוספת ליוגורט או גלידה.

לבסיס:

(תבנית עגולה ועמוקה בקוטר 9 אינץ)
½ כוס סוכר
2 כוסות קמח תופח מאליו
3 חלמונים
200 גר' חמאה קרה חתוכה לקוביות

למילוי:

450 מ"ל שמנת מתוקה
250 גר' שמנת חמוצה
250 גר' יוגורט יווני (Fage)
2/3 כוס סוכר
גרידת לימון מחצי לימון

את רכיבי הבסיס יש לעבד במעבד מזון, רצוי בפולסים קצרים עד שנוצר כדור בצק אחיד (רצוי להימנע מעיבוד יתר). אם הבצק רך או דביק מדי למגע יש לכסות בנייר נצמד ולקרר כ-20 דקות. חותכים 2/3 מכדור הבצק ומרדדים לעיגול בעובי כ- 1/3 אינץ. בעזרת מערוך מעבירים את הבצק המרודד לתבנית משומנת ומצמידים היטב לדפנות.

בצק זה ישמש כבסיס לעוגה. את שארית הבצק מרדדים לעיגול ומניחים בתבנית נפרדת. לאחר האפיה, נשתמש בבצק האפוי בתבנית זו לפירורים שנפזר מעל העוגה. כעת אופים את שני הבסיסים בתנור שחומם מראש ל 350°F למשך כ-15 דקות עד להזהבה. מניחים בצד לקירור. במקביל מקציפים את השמנת המתוקה עם הסוכר עד שנוצרת קצפת סמיכה ועשירה. בקערה נפרדת מוסיפים את שאר רכיבי המילוי. מערבבים בתנועות קיפול את הקצפת לתוך תערובת הגבינה בעדינות. שופכים את התערובת על הבסיס שהתקרר בינתיים. את הבסיס שנאפה בתבנית השניה מפוררים לפירורים ומפזרים מעל לעוגה. מקררים 4 שעות לפחות לפני הגשה.

Rugelach

Servings: 3-4 dozen bite size

For chocolate filling, spread butter first on dough and chocolate filling on top. Use home-made fillings, jam or chocolate spread (Nutella) adding nuts/cinnamon if desired.

Dough:

2 cups all-purpose flour
2 tablespoon cornstarch
½ cup ground raw almonds
½ pound unsalted butter (room temperature)
8 oz cream cheese (room temperature)
¼ cup sugar
a dash of salt
1 teaspoon vanilla extract

Glaze: 1 egg beaten and 1 tablespoon milk

Chocolate filling:

4 tablespoons butter melted
1 tablespoon cocoa powder
¼ teaspoon cinnamon
½ cup sugar
½ cup mini chocolate chips

Classic filling:

½ cup apricot preserves diluted in 1 tablespoon boiling water
¼ cup sugar
¼ cup light brown sugar
1 teaspoon ground cinnamon
1 cup walnuts, finely chopped
¼ cup shredded coconut (optional)
1/2 cup raisins (optional)

Cream cheese and butter until light, then add sugar, salt, and vanilla and then the remainder of the ingredients and mix on low. Roll dough into a ball. Quarter the ball, wrap each piece and refrigerate for 1 hour. Prepare fillings by combining each set of ingredients together. Roll each ball of dough into a 9-inch circle. For classic filling, spread 2 tablespoons apricot preserves over the dough circle first. Then spread classic filling over the dough pressing tightly into the dough. Cut the whole circle in quarters, then each quarter into thirds making 12 equal wedges. Starting with the wide edge, roll up each wedge. Place the cookies, points tucked under, on a baking sheet lined with parchment paper. Chill for 30 minutes. Preheat the oven to 350°F. Brush cookies with egg wash. Bake for 15 to 20 minutes, until lightly browned. Remove to a wire rack and let cool. Sprinkle powdered sugar on top. Store in air tight container.

רוגלך

מנות: 36-48 עוגיות ביס

את השקדים טוחנים במעבד מזון עד שמתקבל מרקם דמוי קמח. אפשר לנסות מגוון מילויים לפי הטעם. במידה של קוצר בזמן, ניתן להוסיף ריבה או ממרח שוקולד (נוטלה) כבסיס למילוי אגוזים/קינמון. מעצבים את הבצק בהתאם להוראות בהמשך לצורת רוגלך, או מרדדים למלבן, מורחים מילוי במרחק 1 אינץ מהקצה ומגלגלים לרולדה. דוחסים את הקצוות, חורצים בעדינות פרוסות (ברוחב של כ-1 אינץ) באלכסון ואופים. לאחר האפייה, חותכים את הרולדה בהתאם לחריצים שסימנו. מקררים ומאכסנים בכלי אטום.

לבצק:

2 כוסות קמח
2 כפות עמילן תירס
1/2 כוס שקדים טחונים
1/2 פאונד חמאה ללא מלח, בטמפרטורת החדר
8 אונקיות גבינת שמנת, בטמפרטורת החדר
1/4 כוס סוכר
קורט מלח
1 כפית תמצית וניל

זיגוג: 1 ביצה טרופה עם כף חלב להברשה

מילוי שוקולד:

4 כפות חמאה מומסת
1 כף אבקת קקאו
1/4 כפית קינמון
1/2 כוס סוכר
1/2 כוס מיני פצפוצי שוקולד

מילוי מסורתי:

1/2 כוס ריבת משמש מדוללת בכף מים רותחים
1/4 כוס סוכר
1/4 כוס סוכר חום זהוב
1 כפית קינמון
1 כוס אגוזים קצוצים
1/4 כוס קוקוס גרוס (לא חובה)
1/2 כוס צימוקים (לא חובה)

מקציפים את הגבינה והחמאה במערבל חשמלי עד שמתקבל מרקם קליל. מוסיפים סוכר, מלח ותמצית וניל. מנמיכים את המערבל למהירות נמוכה, מוסיפים קמח, שקדים טחונים ועמילן תירס ומערבלים עד לתערובת אחידה. מעבירים את הבצק למשטח מקומח היטב ומגלגלים לכדור. חותכים את הכדור לרבעים, עוטפים כל רבע בנייר נצמד ומקררים במקרר למשך שעה. בינתיים, מכינים את המילויים על ידי ערבוב כל המרכיבים של המילוי מלבד החמאה/ריבה. על משטח מקומח היטב, מרדדים כל כדור בצק לעיגול בקוטר 9 אינץ. לרוגלך במילוי המסורתי, מורחים 2 כפות ריבת משמש על פני כל הבצק, ומפזרים את שאר מרכיבי המילוי. למילוי השוקולד, מורחים 2 כפות חמאה על פני כל הבצק, ומפזרים את שאר מרכיבי המילוי. דוחסים קלות את המילוי, וחותכים ל-12 משולשים שווים - מתחילים בחציית העיגול לרבעים, ואז חותכים כל רבע לשלוש. מגלגלים כל משולש מהחלק הרחב לקצה הצר. מניחים את הרוגלך על תבנית מצופה בנייר אפייה, מקפידים שהקצה יהיה כלפי מטה על מנת שהרוגלך לא ייפתחו במהלך האפייה. מקררים למשך 30 דקות. מחממים תנור ל 350°F מברישים את הרוגלך בביצה הטרופה ואופים למשך 20-15 דקות, עד להזהבה. מוציאים מהתנור ומעבירים את הרוגלך לקירור על רשת. ניתן לפזר מעט אבקת סוכר לקישוט לפני ההגשה. מאחסנים בכלי אטום.

Sweet Cheese Pastries

Servings: 14-18

Freeze shortly after baking and defrost as needed.

Dough:

1½ teaspoon self rise active yeast
1 teaspoon sugar
1/4 cup lukewarm milk
2 cups flour
½ cup sugar
10 tablespoons butter
dash of salt
½ lemon zest

Glaze: 1 egg beaten with 1 tablespoon cold water

Filling:

250 gram sour cream
250 gram Greek yogurt (Fage)
½ cup sugar
1 teaspoon vanilla extract
2 egg yolks beaten
½ lemon zest
2-3 tablespoons cornstarch

In a small bowl mix yeast, 1 teaspoon sugar, and lukewarm milk. Cover and set aside for about 10 minutes. Knead the dough; either with mixer or by hand. Combine all dough ingredients including the yeast mixture and blend just until soft dough is formed. Do not over knead the dough. Cover the bowl and let rest in a warm place for an hour. (The dough will not rise much.) In the meantime, mix the filling ingredients well. Adjust sugar to taste.

After the dough rests, cut into 2. Roll each half into a large rectangle and cut into 4 inch by 4 inch squares. Put a teaspoon full of filling in the center of each square, then pull two opposite corners into the center. Pull and squeeze the other two corners to form a small square. It is ok if some of the filling is exposed. Brush pastries with beaten egg and bake on a greased baking sheet in a pre-heated oven at 350°F. Bake for about 20 minutes until light golden in color.

גביניות

מנות: 14-18

גביניות הן מאכל מסורתי לשבועות, אולם הן נהדרות לכל ימות השנה לצד קפה או תה. מומלץ להקפיא את הגביניות זמן קצר לאחר האפייה בכלי אטום ולהפשיר בהתאם לצורך.

לבצק:

1½ כפיות שמרים יבשים
1 כף סוכר
¼ כוס חלב פושר
2 כוסות קמח
½ כוס סוכר
10 כפות חמאה
קורט מלח
גרידת לימון מחצי לימון

למילוי:

250 גר' שמנת חמוצה
250 גר' יוגורט יווני (Fage)
½ כוס סוכר
1 כפית תמצית וניל
2 חלמונים טרופים
גרידת לימון מחצי לימון
2-3-כפיות קורנפלור

זיגוג:

1 ביצה טרופה
1 כף מים קרים

בקערה קטנה מערבבים שמרים, 1 כף סוכר וחלב פושר. מכסים ומשהים למשך כ-10 דקות עד לתסיסה של השמרים. במיקסר עם וו לישה מערבבים את כל שאר מרכיבי הבצק כולל תערובת החלב והשמרים. לשים עד שנוצר בצק רך וחלק (חשוב לא ללוש יתר על המידה). מכסים את הבצק ומניחים לתפיחה במקום חמים למשך כשעה (הבצק לא יתפח מאוד). בינתיים, מערבבים היטב את כל מרכיבי המלית, טועמים ומוסיפים סוכר לפי רמת המתיקות הרצויה.

מחלקים את הבצק לשניים. מרדדים כל חצי לכדי מלבן רחב וחותכים לריבועים בגודל של 4*4 אינץ. מניחים כפית מהמילוי במרכז כל ריבוע ומהדקים שתי פינות נגדיות לכיוון המרכז, ולאחר מכן מושכים ומהדקים למרכז את שתי הפינות הנגדיות הנוספות. ייתכן ויישאר מעט מילוי חשוף וזה בסדר גמור. מעבירים לתבנית אפייה משומנת. מערבבים את הביצה והמים ומברישים את הגביניות בציפוי הביצה. אופים בתנור מחומם מראש ל 350°F למשך כ-20 דקות עד לקבלת גוון חום זהוב קל.

Apple Strudel

Servings: 2 Strudel rolls

Select your favorite variety of apples. Prepare the Strudel ahead of time and bake shortly before serving. Best served hot with whipped cream or ice cream.

1 puff pastry dough sheet (12 x12 inch)
2 large apples peeled and cut into small cubes
1-2 tablespoons brown sugar to taste
1-2 teaspoons lemon juice
powdered sugar
cinnamon, raisins and nuts (optional)

Glaze: 1 beaten egg

Add apples, brown sugar and lemon juice to a small saucepan. Cook over medium-high heat for about 4 minutes stirring frequently until the liquids absorbed. Remove from heat and let cool. Roll dough into a 12x12 inch sheet. Cut the sheet in half, then add apple mixture along the center of each half. Lift the long side of the sheet over the apple filling to meet the edge of the other side, seal edges tightly. Repeat with the second sheet. Brush with beaten egg, transfer onto a greased baking sheet and bake in a preheated 400° oven for 20 minutes or until golden brown. Sprinkle with powdered sugar and serve immediately.

שטרודל תפוחים

מנות: 2 שטרודלים

אפשר להשתמש באיזה זן של תפוחים שאוהבים למתכון הזה. את השטרודל ניתן להכין מראש ולאפות רגע לפני ההגשה. מומלץ להגיש לצד קצפת או גלידה.

1 דף בצק עלים בגודל 12*12 אינץ
2 תפוחים גדולים קלופים וחתוכים לקוביות קטנות
1-2 כפות סוכר חום לפי הטעם
1-2 כפיות מיץ לימון
אבקת סוכר לזיגוג
קינמון, צימוקים ואגוזים קצוצים (לא חובה)

זיגוג: ביצה טרופה להברשה

לתוך סיר קטן מוסיפים את קוביות התפוחים יחד עם הסוכר ומיץ הלימון. מבשלים על אש גבוהה-בינונית במשך כ-4 דקות תוך כדי ערבוב מתמיד, עד שהנוזלים נספגים. מסירים מהאש ומקררים. פורסים את גליל הבצק לדף בגודל 12*12 אינץ. חוצים את הדף לשני עלים בגודל 12*6 אינץ. מוסיפים במרכז כל דף חצי מכמות התפוחים. מקפלים את הבצק לאורך: מניפים את הצלע הארוכה של הבצק מעל התפוחים, מכסים את המילוי עם הבצק וסוגרים היטב לגליל. מהדקים היטב את כל הקצוות. מברישים את השטרודל בביצה טרופה, מעבירים לתבנית אפייה משומנת ואופים בתנור מחומם מראש ל 400°F במשך כ-20 דקות או עד שהשטרודל מקבל גוון שחום-זהוב. מפזרים אבקת סוכר ומגישים מייד.

Index

A
Apple, Strudel, 62-63

B
Baba Ganoush, 31
beans, Green, 11
beef, Kebab, 37
beet, salad, 28
Bourekas, 8-9
bread, Pita, 48

C
cabbage, salad, 26-27
cauliflower, fried, 10
cheese
    cake, 54-56
    baked, 54-55
    unbaked, 56-57
    bourekas, 8-9
    sweet pastries, 60-61
chicken
    soup, 17
    patties, 44-45
    in the oven, 40
chocolate
    yeast cake, 50-51
    balls, 49
    Rogelach, 58-59
coconut, chocolate balls, 49
cucumber
    sweet and sour salad, 29
    israeli salad, 23

E
Eggs
    cauliflower, fried, 10
    Shakshuka, 42-43
    Potato salad, 24
eggplant
    fried, 19
    salad, Baba Ganoush, 31

F
Falafel, 12-13
fish, grilled, 36

H
Hummus, salad, 22

L
liver, chopped, 18

M
mushroom
    pashtida (quiche), 38-39
    sauce, 25

P
Pashtida (quiche), 38-39
pita, bread, 48
poppy seed, roll, 52-53
potatos
    Bourekas, 8-9
    Mashed, 16
    Salad, 24

Q
Quiche, mushroom, 38-39

R
rice, with raisins and almonds, 14-15
Rugelach, 58-59

S
Sauce, mushroom, 25
Schug, 30
Shakshuka, 42-43
soup, chicken, 17

T
Tachini, 32

אינדקס

א
אורז עם צימוקים, 14-15

ב
בורקס, 8-9
ביצים
שקשוקה, 42-43
סלט מיונז, 24
כרובית מטוגנת, 10
בשר
קבבים, 37

ג
גבינה
עוגת גבינה אפויה, 54-55
עוגת גבינה פירורים לא אפויה, 56-57
גביניות, 60-61
בורקס, 8-9

ד
דג בגריל, 36

ח
חצילים
חצילים מטוגנים, 19
סלט חצילים, 31
חומוס, 22

ט
טחינה, 32

כ
כרוב, סלטים, 26-27
כרובית מטוגנת, 10
כבד קצוץ, 18

מ
מלפפון
סלט חמוץ מתוק, 29
סלט ירקות ישראל 23
מרק עוף, 17

ס
סחוג, 30

ע
עוף
עוף בתנור, 40
מרק עוף, 17
קציצות עוף, 44-45

פ
פיתות, 48
פלאפל, 12-13
פיטריות
פשטידת פיטריות, 38-39
רוטב פיטריות, 25
פשטידה, 38-39
פרג, רולדה, 52-53

ק
קוקוס, כדורי שוקולד, 49
קבבים, 37

ר
רוטב פיטריות, 25

ש
שוקולד
עוגת שמרים שוקולד, 50-51
כדורי שוקולד עם קוקוס, 49
רוגלך, 58-59
שטרודל תפוחים, 62-63
שעועית ירוקה, 11
שקשוקה, 42-43

ת
תפוחים, שטרודל, 62-63
תפו"א
בורקס, 8-9
סלט מיונז, 24
מחית, 16

10716798R00038

Made in the USA
Charleston, SC
27 December 2011